Andrea Bachmann | Erich Sommer

# Tübingen

deutsch english français

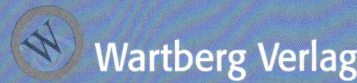

Übersetzungen
english: Dr. Anthony Alcock, Kassel
français: Fa. OnlineLingua – Binder International

1. Auflage 2019
Alle Rechte vorbehalten, auch die des auszugsweisen Nachdrucks
und der fotomechanischen Wiedergabe.
Layout und Satz: Christiane Zay, Potsdam
Druck: Griebsch & Rochol Druck GmbH, Hamm (Print Media Group)
Buchbinderische Verarbeitung: Buchbinderei S. R. Büge, Celle
© Wartberg-Verlag GmbH
34281 Gudensberg-Gleichen, Im Wiesental 1
Telefon: 0 56 03-9 30 50
www.wartberg-verlag.de
ISBN 978-3-8313-3134-5

# Vorwort

Im Mittelalter entsteht am Fuße der Burg Hohentübingen eine Stadt, die Mitte des 15. Jahrhunderts zu den größten und wichtigsten Württembergs gehört. Als Graf Eberhard im Barte von Württemberg und seine Mutter Mechthild von der Pfalz beschließen, in Württemberg eine „Hohe Schule" zu gründen, fällt ihre Wahl auf Tübingen.

Im Oktober 1477 wird der Lehrbetrieb aufgenommen. Das Mittelalter ist vorbei, Tübingen ist in der Frühen Neuzeit angekommen. Dieser Umbruch ist noch heute in der Stadt erkennbar: Große und repräsentative Universitätsgebäude und Bürgerhäuser prägen das Bild der Oberstadt zwischen Stiftskirche, Schloss und Neckarufer. Über 300 Hektar Land sind mit Weinreben bedeckt, der Weinbau ist der wichtigste Wirtschaftsfaktor der Stadt.

Im 19. Jahrhundert werden drei neue Fakultäten gegründet, die alten Stadtmauern werden abgerissen, ein neues Universitätsviertel entsteht. Nur mit der Industrialisierung hapert es. In dieser Zeit geht es den Menschen in der Unterstadt schlecht. Vom Wein kann niemand mehr leben und die wenigen Industriebetriebe bieten nicht genug Arbeit. Es entsteht das Bild der „Gôgen und Raupen", der keiner Kultur und Zivilisation zugänglichen Unterstadtbewohner.

Aus dem Zweiten Weltkrieg geht Tübingen mit einem himmelblauen Auge hervor. Die Stadt ist weitgehend unzerstört, die französische Besatzungsmacht fördert einen schnellen wirtschaftlichen und kulturellen Wiederaufbau und stärkt demokratische Strukturen. Ab den 60er-Jahren kommen mehr und mehr Studenten nach Tübingen, Universität und Stadt wachsen so schnell wie noch nie. Es entstehen naturwissenschaftliche Institute, in den 80er-Jahren wird das große Klinikum auf dem Schnarrenberg in Angriff genommen.

Heute ist Tübingen das, was man eine „Schwarmstadt" nennt. Von knapp 90.000 Einwohnern studieren um die 28.000, die Universität ist nach wie vor der größte Arbeitgeber in der Stadt. Gemeinsam mit den Max-Planck- und Hertie-Instituten sowie Wirtschaftsunternehmen im Bereich der Biotechnologie und der Künstlichen Intelligenz entsteht ein exzellenter Hotspot im Neckartal. Tübingen ist eine moderne junge Stadt voller Geschichte, weltoffen und urschwäbisch zugleich.

Ein Antiquitätengeschäft in der Haaggasse.
An antiquities shop in Haaggasse.
Un magasin d'antiquités dans la rue Haaggasse.

Auf dem Schloss und in der Oberstadt
On the castle and in the upper town
Au château et dans la ville haute

### Blick auf Hohentübingen

Die vierflügelige Renaissancefestung mit ihren mächtigen Ecktürmen ließ Herzog Ulrich zu Beginn des 16. Jahrhunderts an die Stelle der alten Pfalzgrafenburg bauen. Die imposante Anlage beeindruckt noch heute.

The four-wing Renaissance fortification, with its mighty corner towers, was built by Herzog (Duke) Ulrich at the beginning of the 16th cent. on the site of an old Pfalzgrafenburg (palatinate castle). The imposing construction is still impressive today.

La forteresse à quatre ailes datant de la Renaissance et ses imposantes tours d'angle a été construite par le duc Ulrich au début du XVIe siècle pour remplacer l'ancienne forteresse palatine. L'installation imposante impressionne encore les visiteurs aujourd'hui.

## Der Fünfeckturm

Nachdem 1647 der Südostturm des Tübinger Schlosses von französischen Truppen in die Luft gesprengt wurde, entstand der schmucke Fünfeckturm, in dem sich heute das Institut für Ethnologie befindet.

––◄○►––

After 1647 the southeast tower of the castle was blown up by French troops and replaced by an elaborate five-sided tower, now the home of the Institute of Ethnology.

––◄○►––

Après que la tour sud-est du château de Tübingen ait été bombardée par les troupes françaises en 1647, la jolie tour pentagonale fut construite et abrite désormais l'Institut d'Ethnologie.

## Unteres Schlossportal

Mit dem einem Triumphbogen nachempfundenen Schlossportal demonstrierte Herzog Friedrich I. Macht, Reichtum und militärische Stärke. Das detailreiche Kunstwerk aus dem frühen 17. Jahrhundert gilt als einer der bemerkenswertesten Renaissancebauten im deutschen Südwesten.

––◄○►––

With the castle entrance in the style of a triumphal arch Herzog Friedrich I wanted to display power, wealth and military strength. The detailed art work of the early 17th cent. makes it one of the most remarkable Renaissance structures in SW Germany.

––◄○►––

Le duc Frédéric I<sup>er</sup> démontra pouvoir, richesse et force militaire à travers le portail du château inspiré par un arc de triomphe. L'œuvre d'art détaillée datant du début du XVII<sup>e</sup> siècle est considérée comme l'un des édifices de la Renaissance les plus remarquables du sud-ouest allemand.

## Verbindungshaus Roigel

1838 gründeten Tübinger Studenten im Gasthaus zum König eine „Société Royale", die bald nur noch Roigel genannt wurde. 1904 entstand auf den Grundmauern der ehemaligen Schlossküferei das Verbindungshaus mit Zierfachwerk und Jugendstilelementen. Im Garten befindet sich eine funktionsfähige Freiluftkegelbahn aus dem 18. Jahrhundert.

In 1838 the students founded a "Société Royale" in the "zum König" (the King's) inn, which soon came to be known as simply Roigel. In 1904, on the foundation wall of the former castle cooperage, the Verbindungshaus (fraternity house), a decorated half-timber building with Art Nouveau elements was built. In the garden there is a functional open-air 18th cent. Kegelbahn (bowling alley).

En 1838, les étudiants de Tübingen fondèrent une « Société Royale » dans le restaurant Gasthaus zum König, qui s'appela bientôt uniquement Roigel. En 1904, sur les murs de fondation de l'ancienne fabrique de fûts du château, la maison de cette fraternité à structure ornementale et décorée par des éléments Art Nouveau fut construite. Dans le jardin se trouve une piste de bowling extérieure datant du XVIIIe siècle.

## Picknick auf der Schlossbastion

Die mächtigen Befestigungsanlagen von Schloss Hohentübingen bieten beste Ausblicke auf die Stadt und Gelegenheit zu manchem romantischen Rendezvous.

The mighty fortification of Schloss Hohentübingen offers the best views of the town and an opportunity for romantic trysts.

Les puissantes fortifications du château de Hohentübingen offrent les meilleures vues sur la ville et l'ambiance idéale pour de nombreux rendez-vous romantiques.

## Abgusssammlung im Rittersaal

Im 19. Jahrhundert sammelte die Tübinger Universität eine stattliche Anzahl Kopien antiker Plastiken. Die Reliefs, Skulpturen und Porträtbüsten dienten der ästhetischen Erziehung der Studenten und verbreiten nach wie vor eine schöne Atmosphäre.

In the 19th cent. Tübingen University collected a number of replicas of ancient sculptures. The reliefs, sculptures and busts were used for the aesthetic education of the students and still exude a pleasant atmosphere.

Au XIXème siècle, l'Université de Tübingen rassembla un nombre considérable de copies de sculptures antiques. Les reliefs, les sculptures et les bustes ont servi à l'éducation esthétique des étudiants et continuent à créer une belle atmosphère.

## Das älteste Riesenfass der Welt

1549 gab Herzog Ulrich den Bau eines Weinfasses in Auftrag, das sagenhafte 84.000 Liter fasste. Es wurde nur zweimal befüllt, dann stellte sich heraus, dass es undicht war. Nachdem es sich jahrelang einen Kellerraum des Schlosses mit einer Kolonie Fledermäuse teilte und deshalb für die Öffentlichkeit nicht zugänglich war, kann es inzwischen wieder besichtigt werden.

In 1549 Herzog Ulrich commissioned the construction of a wine barrel with a capacity of 84,000 litres. It was filled only twice, after which it turned out that the barrel had a leak. It spent some years in a cellar of the castle sharing a space with a colony of bats and so was inaccessible to the public, but is now on public display.

En 1549, le duc Ulrich commanda la construction d'un tonneau contenant 84 000 litres légendaires. Il ne fut rempli que deux fois, puis il s'avéra qu'il fuyait. Après des années à partager une des caves du château avec une colonie de chauves-souris et n'étant donc pas accessible au public, il est désormais possible de le visiter à nouveau.

## Eiszeitpferdchen

Die kleinen Tierfiguren aus Mammutelfenbein sind etwa 42.000 Jahre alt und gelten als die ersten Kunstwerke der Menschheit. Sie wurden in verschiedenen Höhlen auf der Schwäbischen Alb gefunden und gehören zum UNESCO-Weltkulturerbe.

◆◇◆

The small animal figures of mammoth ivory are about 42,000 years old and are among the earliest art works of mankind. They were discovered in various caves on the Schwäbisches Alb and are now UNESCO world heritage objects.

◆◇◆

Les petites figurines animales en ivoire de mammouth ont environ 42 000 ans et sont considérées comme les premières œuvres d'art de l'humanité. Elles ont été trouvées dans diverses grottes du Jura et sont classés au patrimoine mondial de l'UNESCO.

## Die Sternwarte im Wallgarten

Im 18. Jahrhundert befand sich das Institut für Astronomie im Nordostturm von Schloss Hohentübingen. Der Professor für Mathematik und Astronomie Johann Bohnenberger erwarb um 1800 ein Teleskop, für das er extra ein kleines Observatorium anfertigen ließ. Frisch restauriert ist es ein originelles Stück Tübinger Wissenschaftsgeschichte.

◆◇◆

In the 18th cent. the Institute of Astronomy was located in the northeast tower of Schloss Hohentübingen. The Professor of Mathematics and Astronomy. Johann Bohnenberger, acquired a telescope around 1800, for which he had a small observatory built. It has recently been restored and is an original piece of Tübingen scholarly history.

◆◇◆

Au XVIIIème siècle, l'Institut d'Astronomie était situé dans la tour nord-est du château de Hohentübingen. Le professeur de mathématiques et d'astronomie Johann Bohnenberger acheta un télescope vers 1800, pour lequel il construisit spécialement un petit observatoire. Fraîchement restauré, il s'agit d'un morceau original de l'Histoire des sciences de Tübingen.

## Ludwig Uhlands Geburtshaus

In diesem Haus in der Neckarhalde wurde 1787 der Politiker, Jurist, Sprachwissenschaftler und Dichter Ludwig Uhland geboren. Als Politiker verkörperte er für seine Zeit das Ideal von nationaler Einheit in Freiheit, der 1815 von ihm herausgegebene Gedichtband erreichte 42 Auflagen.

―◇―

The politician, lawyer, language scholar and poet Ludwig Uhland was born in this house in Neckarhalde in 1787. As a politician he embodied for his time the ideal of national unity in freedom. His volume of poetry, published in 1815, went through 42 printings.

―◇―

Le politicien, avocat, linguiste et poète Ludwig Uhland naquit dans cette maison du Neckarhalde en 1787. En tant qu'homme politique, il incarnait dans son temps l'idéal de l'unité nationale dans la liberté. En 1815, son livre de poésie atteignit 42 éditions.

## Die Neckarhalde

Wer auf der Flussseite der Straße unterhalb des Schlosses wohnt, genießt den prachtvollen Ausblick auf die Platanenallee. Im Haus Nr. 19 lebte der Mathematiker Wilhelm Schickard, der 1623 die erste Rechenmaschine der Welt konstruierte.

Those living on the riverside of the street below the castle enjoy a grandiose view of the Platanenallee (avenue of plane trees). No. 19 was once the residence of mathematician Wilhelm Schickard, who constructed the world's first calculating machine in 1623.

Ceux qui vivent au bord de la rivière en-dessous du château profitent de la vue magnifique sur l'allée de platanes. Dans la maison 19 vivait le mathématicien Wilhelm Schickard qui construisit la première machine à calculer au monde en 1623.

## Fachwerkhäuser

Die hohen Fachwerkhäuser der Altstadt sind zu jeder Jahreszeit, bei jedem Wetter und aus jeder Perspektive ein attraktiver Blickfang. Selbst bei Regen!

The tall timber-frame houses of the old town always make an attractive sight in any weather and from any angle. Even in the rain !

Les hautes maisons à colombages de la vieille ville attirent le regard en toute saison, par tous les temps et sous tous les angles. Même sous la pluie !

## Dolce Vita auf dem Marktplatz

Unvorstellbar, dass der Tübinger Marktplatz vor fünfzig Jahren nur zum Abstellen von Autos genutzt wurde! Heute genießt man in Tübingens guter Stube ganz entspannt das Leben.

Unimaginable that the Tübinger Marktplatz (market square) was used fifty years ago only as car park! Today you can relax and enjoy life in Tübingen's 'gute Stube' ('front room').

Il semble inimaginable de nos jours que la place du marché de Tübingen n'ait été utilisée que pour garer des voitures il y a cinquante ans ! Aujourd'hui, vous pouvez profiter de la vie dans la meilleure salle de Tübingen.

## Neptunbrunnen

Zu Beginn des 17. Jahrhunderts reiste Baumeister Heinrich Schickhardt nach Italien. Der Marktbrunnen von Bologna gefiel ihm so gut, dass er ihn für den Tübinger Marktplatz nachbauen ließ. 1948 wurde die Brunnensäule mit Neptun und Nymphen erneuert. Die Bronze stellte man aus Waffenschrott her.

At the beginning of the 17th cent. the master builder Heinrich Schickhardt travelled to Italy. He liked the fountain he saw in the Bologna marketplace so much that he made a copy of it for the Tübingen Marktplatz. In 1948 the fountain columns were renovated with various figures, Neptune and nymphs. The bronze used came from discarded weapons.

Au début du XVIIe siècle, le maître d'œuvre Heinrich Schickhardt se rendit en Italie. Il tomba sous le charme du marché de Bologne à tel point qu'il le répliqua pour le marché de Tübingen. En 1948, la colonne de la fontaine fut renouvelée avec Neptune et des nymphes. Le bronze fut fabriqué à partir de débris d'armes.

### Frisches vom Wochenmarkt

Dreimal in der Woche verwandeln Menschen wie der Gärtner Gerhard Kehrer den Marktplatz in ein üppiges, buntes, duftendes kulinarisches Paradies voller meist regionaler Köstlichkeiten.

---

Three times a week smallholders like Gerhard Kehrer turn the Marktplatz into a richly colourful and fragrant culinary paradise full of mostly regional delicacies.

---

Trois fois par semaine, des personnes telles que le jardinier Gerhard Kehrer transforment la place du marché en un paradis culinaire luxuriant, coloré et parfumé, riche en délices essentiellement régionaux.

### Stadtführung auf dem Marktplatz

Rund 60 Gästeführerinnen und Gästeführer erzählen kompetent und geistreich Menschen von nah und fern Geschichten zur Tübinger Geschichte.

---

Around 60 tour guides, competently and wittily, tell people from far and wide stories from Tübingen's history.

---

Environ 60 guides touristiques racontent de manière compétente et spirituelle l'Histoire de Tübingen.

## Schokolade macht glücklich!

Ganz besonders glücklich ist man in Tübingen Anfang Dezember. Dann steigt mit der Chocolart Deutschlands größtes Schokoladenfestival und die Altstadtfassaden sehen aus wie Lebkuchenhäuschen.

A particularly happy time in Tübingen is the beginning of December, the start of Chocolart, Germany's largest chocolate festival, when the houses of the old town take on the appearance of gingerbread houses.

Tübingen rend particulièrement heureux au début du mois de décembre. C'est à cette période qu'a lieu le plus grand festival du chocolat d'Allemagne, « Chocolart », et les façades de la vieille ville ressemblent à des maisons en pain d'épice.

In der Kirchgasse

Niemand weiß, wie dieser Kaufmann heißt, der schwer an dem Erker seines prächtigen Fachwerkhauses aus dem 16. Jahrhundert zu tragen scheint.

―◦―

Nobody knows the name of this trader who seems to be carrying something on the oriel of his splendid 16th cent. timber-frame house.

―◦―

Personne ne sait comment s'appelle le marchand qui semble porter lourdement l'oriel de sa splendide maison à colombages du XVIe siècle.

Das Tübinger Rebmännle

Die kleine Bacchantin an der Rathausecke ist natürlich ein Weible und weist weinlaubumkränzt seit dem frühen 17. Jahrhundert auf die Bedeutung des Weinbaus in Tübingen hin.

―◦―

The little Bacchant (female reveller) at the corner of the Rathaus (town hall) is of course a woman and, festooned with vines, shows how important viticulture has been in Tübingen since the 17th cent.

―◦―

La petite Bacchante du coin Rathausecke est bien sûr une femme et, depuis le début du XVIIe siècle, elle fait référence à l'importance de la viticulture à Tübingen.

## Die astronomische Uhr

1511 baute der Pfarrer, Astronom und Mathematiker Johannes Stöffler eine Uhr, die mithilfe dreier Zeiger und eines Ziffernblattes Mondphasen, Tierkreiszeichen, Sonnen- und Mondfinsternisse und einiges mehr anzeigt. Sie ist die älteste Uhr ihrer Art, die bis heute perfekt funktioniert, und ein Paradebeispiel schwäbischen Erfindergeistes.

In 1511 the pastor, astronomer and mathematician Johannes Stöffler made a clock that has three fingers and a dial showing the phases of the moon, the zodiac, solar and lunar eclipses and a little more besides. It is the oldest clock of its kind and still works perfectly. A wonderful example of Swabian inventiveness!

En 1511, le pasteur, astronome et mathématicien Johannes Stöffler construisit une horloge à trois aiguilles et un cadran pour afficher les phases lunaires, les signes du zodiaque, les éclipses solaires, lunaires et bien plus encore. C'est la plus ancienne horloge de ce genre, encore en parfait état à ce jour et l'exemple prouvant l'esprit inventif des habitants de Tübingen.

# Unterwegs in der Unterstadt
# Things to see in the Unterstadt (lower part of town)
# En route dans la ville basse

### Die Familie Burckhardt

In diesem schön restaurierten Haus in der Haaggasse lebte im 17. Jahrhundert Andreas Burckhardt. Er war der württembergische Gesandte bei den Friedensverhandlungen in Münster und Osnabrück 1645–1648. Seine jüngere Schwester Regina heiratete 1624 heimlich und schwanger ihren Liebsten Carl Bardili und sorgte damit für einen handfesten Skandal. Sie gilt aber heute als Ahnfrau zahlreicher schwäbischer Dichter und Denker.

———◆———

This beautifully restored house in Haaggasse was the home of Andreas Burckhardt in the 17th cent. He was the Württemberg delegate to the peace negotiations that took place in Münster and Osnabrück between 1645 and 1648 after the Thirty Years' War. His younger sister, secretly and pregnant, married her loved one Carl Bardili in 1625 and caused a great scandal. She is regarded as the ancestress of many Swabian poets and thinkers.

———◆———

Andreas Burckhardt vécu dans cette maison magnifiquement restaurée de la rue Haaggasse au XVIIème siècle. Il était ministre du Württemberg lors des négociations de paix à Münster et Osnabrück 1645-1648. Sa jeune sœur Regina épousa en secret et enceinte son amant Carl Bardili en 1624, provoquant ainsi un véritable scandale. De nos jours, elle est considérée comme l'ancêtre de nombreux poètes et penseurs dans la région.

## Die schmalste Gasse Tübingens

In der Judengasse und dem angrenzenden „Süßen Löchle" lebte bis zur Universitätsgründung die jüdische Bevölkerung der Stadt. Dann wurden sie vertrieben. Man wollte keine Geldgeschäfte im Umkreis der Universität.

---

Judengasse (alley) and the adjoining "Süßes Löchle" (sweet litte hole) was the home of the Jewish population until the university was founded, when they were driven out. Money-making near the university was considered undesirable.

---

Dans la rue Judengasse se trouve le « Süßes Löchle », où vivait la population juive jusqu'à la fondation de l'université, avant leur expulsion. On voulait éviter les transactions financières près de l'université.

## Der Ammerkanal

Der von dem Fluss Ammer abgeleitete Kanal versorgte seit dem 13. Jahrhundert die Bevölkerung mit Brauchwasser. Da wo im Mittelalter Gerber und Färber arbeiteten, befindet sich heute eine idyllische Flaniermeile.

The canal that branches off from the Ammer has supplied the population since the 13th cent. with water for domestic use. Where medieval tanners and dyers once worked is now an idyllic area for walks.

Le canal dérivé de la rivière Ammer fournit les eaux usées de la population depuis le XIIIe siècle. Là où travaillaient autrefois les tanneurs et les teinturiers au Moyen Âge se trouve aujourd'hui une promenade idyllique.

## Die Ammer

Die Ammer fließt im Westen der Stadt durch Tübingen hindurch, der Neckar floss hingegen an Tübingen vorbei. Lange Zeit wurde die Ammer stiefmütterlich behandelt, mittlerweile lebt man gerne am renaturierten Fluss in „Ammerzonien".

―◁▷―

The Ammer in the west part of the town flows through Tübingen, while the Neckar flows past the town. For a long time the Ammer was treated like a stepmother, but now people are happy to live on the renatured river in "Ammerzonien".

―◁▷―

L'Ammer coule à l'ouest de la ville en passant par Tübingen, le Neckar cependant ne passait pas par Tübingen. Le canal fut longtemps négligé, mais de nos jours on aime vivre sur la rivière re-naturée, appelée « Ammerzonie ».

## An der Krummen Brücke

Hier ist das Zentrum der Tübinger Unterstadt. Angeblich bestand die Brücke über den Ammerkanal früher aus krummen Eichenbalken. Seit dem 19. Jahrhundert wird der Platz von dem Eckgebäude mit seinem außergewöhnlich detailreichen Zierfachwerk dominiert.

––◈––

This is the centre of the Unterstadt (lower town). It is said that the bridge over the Ammerkanal once consisted of twisted oak beams. The square has since the 19th cent. been dominated by the corner building with its extraordinarily detailed carved timber frame.

––◈––

Ici se trouve le centre de la ville basse de Tübingen. Apparemment, le pont enjambant le canal Ammer aurait été fait de poutres de chêne tordues. Depuis le XIXème siècle, la place est dominée par le bâtiment d'angle avec sa charpente décorative exceptionnellement détaillée.

## Ein Neidkopf

Die grimmige Maske an einer Hauswand in der Kornhausstraße soll vor Unglück und bösen Nachbarn bewahren. In den 70er-Jahren wurde sie zum Symbol der Tübinger Altstadtsanierung.

––◈––

The grim mask on a house door in Kornhausstraße is meant to protect the house from evil spirits and wicked neighbours. In the 70s it became the symbol of the renovation of the old town.

––◈––

Le masque maussade sur un mur de maison de la rue Kornhausstraße protège des malheurs. Dans les années 1970, il devint un symbole de la régénération urbaine de Tübingen.

Eine Stadt und eine Universität
A town and a university
Une ville et une université

### Der herzogliche Fruchtkasten

Das prächtige Fachwerkhaus entstand 1474 und war vermutlich ein „Probebau" für die großen Universitätsgebäude. In der fast sechs Meter hohen Halle standen mehrere Kelterbäume, in den Dachgeschossen konnte man bis zu 5000 Zentner Heu und 500 Tonnen Dinkel lagern. Heute ist in dem behutsam renovierten Gebäude mit dem Bürgeramt ein Teil der Stadtverwaltung untergebracht.

This splendid timber-frame house was built in 1474 and was probably a test building for the large university building. In the almost 6m high hall there were several winepress trees, and in the attic floors up to 5,000 cwt of hay and 500 tons of dinkel could be stored. Today, the carefully renovated building with Bürgeramt (office to serve the needs of residents) accommodates part of the town administration.

La magnifique maison à colombages fut construite en 1474 et servit probablement de « bâtiment d'essai » pour les grands bâtiments de l'université. Dans la salle mesurant presque six mètres de haut se trouvaient plusieurs pressoirs à vin, dans les greniers pouvaient être stockés jusqu'à 5000 quintaux de foin et 500 tonnes d'épeautre. Aujourd'hui, le Bürgeramt représente une partie de l'administration de la ville étant installée dans le bâtiment soigneusement rénové.

### Das Kornhaus

Von 1453 bis zum Ende des 19. Jahrhunderts waren hier der Getreidemarkt und die Volksschule für Jungen untergebracht. Vor 30 Jahren wurde das Kornhaus zum Stadtmuseum umgestaltet. Bei der Sanierung vermied man eine historisierende Rekonstruktion und entschied sich für einen spannungsreichen Mix aus Alt und Neu.

---

From 1453 to the end of the 19$^{th}$ cent. this was the site of the grain market and school for boys. Thirty years ago the Kornhaus (granary) was converted into the Stadtmuseum (town museum). In the renovation process an historicizing reconstruction was avoided and it was decided to opt for an interesting mixture of old and new.

---

De 1453 à la fin du XIX$^{ème}$ siècle, il abrita le marché aux céréales et l'école primaire pour garçons. Il y a 30 ans, la maison Kornhaus fut transformée en musée de la ville. Lors de la rénovation, on évita une reconstruction historisante et opta pour un mélange ancien/nouveau.

## Eine Welt in Licht in Schatten

Märchenhaftes erwartet die Besucher des Stadtmuseums in der Ausstellung zum Werk Lotte Reinigers. Die Künstlerin und Filmemacherin war eine Meisterin des Scherenschnitts und drehte 1926 den ersten abendfüllenden Trickfilm der Filmgeschichte.

---

The visitor can expect the stuff of fairy tales in the exhibition of the work of Lotte Reiniger. The artist and filmmaker was a doyenne of cutting and editing and in 1926 shot the first evening-filling cartoon film in history.

---

Un conte de fées attend les visiteurs du musée de la ville dans l'exposition sur l'œuvre de Lotte Reiniger. L'artiste et cinéaste était maîtresse de la découpe de papier et tourna le premier long métrage d'animation de l'Histoire du film en 1926.

## Das Collegium illustre

Eine exklusive Ritterakademie für den jungen Adel Europas entstand Ende des 16. Jahrhunderts mitten in Tübingen und brachte ein paar Jahrzehnte lang Glanz und Geld in die Stadt. Seit 1817 nutzt die Diözese Rottenburg-Stuttgart das repräsentative Renaissancegebäude, das seitdem „Wilhelmstift" heißt.

---

An exclusive Ritterakademie (riding academy) for the young nobles of Europe was created at the end of the 16th cent. in the middle of Tübingen and for a couple of decades brought glamour and money into the town. The prestigious Renaissance building has been used since 1817 by the diocese of Rottenburg-Stuttgart and is now called "Wilhelmstift" (a diocese building).

---

Une académie de chevaliers exclusive pour la jeune noblesse d'Europe vit le jour à la fin du XVIème siècle au coeur de Tübingen et apporta splendeur et argent à la ville durant plusieurs décennies. Depuis 1817, le diocèse de Rottenburg-Stuttgart utilise le prestigieux édifice représentatif datant de la Renaissance, baptisé « Wilhelmstift ».

## Das Bücherfest

Alle zwei Jahre verwandelt sich die ganze Stadt ein Wochenende lang in eine Bühne für Literatur. Hier liest der syrisch-deutsche Autor Rafik Schami im Innenhof des Wilhelmstifts.

Every two years, for a weekend, the whole town becomes a stage for literature. The German-Syrian writer Rafik Schami reads his work in the inner court of the Wilhelmstift.

Tous les deux ans, la ville entière se transforme en scène pour la littérature pour la durée d'un week-end. On y lit l'écrivain syro-allemand Rafik Schami dans la cour du Wilhelmstift.

# Am Ammerkanal
## On the Ammerkanal
## Au bord du canal Ammer

### Das Nonnenhaus

Eines der ältesten und schönsten Fachwerkhäuser Tübingens liegt direkt am Ammerkanal. Hier lebte im 16. Jahrhundert der Mediziner Leonhart Fuchs, der mit seinem „New Kreüterbuch" 1543 eines der ersten deutschsprachigen Fachbücher verfasste.

One of the oldest and most attractive timber frame houses in Tübingen is directly on the Ammerkanal. In the 16th cent. it was the home of the doctor Leonhart Fuchs, who wrote Neues Kreüterbuch (herbal medicine) in 1543, one of the first German non-fiction works.

L'une des plus anciennes et plus belles maisons à colombages de Tübingen se trouve directement sur le canal Ammer. Le médecin Leonhart Fuchs y vécut au XVIème siècle et écrivit son « New Kreuterbuch » en 1543, qui fut l'un des premiers manuels scolaires en allemand.

## Der Affenfelsen

Ein Rest der alten Stadtmauer und die schöne Caféterrasse am Ammerkanal gehören zu den beliebtesten Treffpunkten der Stadt.

A remnant of the old town wall and the pleasant café terrace on the Ammerkanal is one of the most popular meeting points in town.

Un reste de l'ancienne muraille de la ville et la belle terrasse de café sur le canal Ammer sont deux des lieux de rencontre les plus populaires de la ville.

### Der Fahrradkönig

Ein Denkmal für alle Müßiggänger und Flaneure der Stadt wurde zur Einweihung der Fußgängerzone Anfang der 80er-Jahre aufgestellt. Der lässige Radler stammt von der Tübinger Bildhauerin Suse Müller-Diefenbach.

A monument to idlers and flâneurs: the pedestrian precinct was created at the beginning of 80s. The unenergetic cyclist is a work of the local sculptress Suse Müller-Diefenbach.

Un monument à tous les promeneurs et les oisifs de la ville a été mis en place pour l'inauguration de la zone piétonne au début des années 80. Le cycliste occasionnel vient du sculpteur de Tübingen, Suse Müller-Diefenbach.

### Das Schimpfeck

1901 baute der Stuttgarter Architekt Josef Hennings am Ausgang der Altstadt eine der wenigen Jugendstilvillen in Tübingen. Seit 1904 handelt dort die Familie Schimpf mit Papeteriewaren. Ende der 70er-Jahre verhinderte eine Bürgerinitiative den Abriss. Das Haus sollte einer Stadtautobahn und einem Busbahnhof Platz machen.

In 1901 the Stuttgart architect Josef Hennings built one of the few Art Nouveau villas in the town towards the edge of the old town. The Schimpf family has operated a stationery store there since 1904. At the end of the 70s its demolition, to make way for a motorway and bus station. was prevented by a citizens' action group.

En 1901, l'architecte de Stuttgart, Josef Hennings, construisit l'une des rares villas dans le style Art Nouveau de Tübingen à la sortie de la vieille ville. Depuis 1904, la famille Schimpf y vend de la papeterie. À la fin des années 1970, une initiative citoyenne empêcha la démolition de la villa. La maison devait faire place à une autoroute urbaine et à une gare routière.

Feste feiern

Celebrating

Célébrer des fêtes

### Klingende Innenstadt

Zum Auftakt der Jazz- und Klassiktage im Oktober gibt es einen Samstag lang Livemusik in allen Gassen und vielen Geschäften. Swinging Tübingen!

The start of the jazz and classical music festival in October. Live music all day Saturday in the alleys and many of the shops. Swinging Tübingen!

En octobre, à l'occasion des Journées du Jazz et de la Musique Classique, des concerts sont organisés tous les samedis dans toutes les rues et dans tous les magasins. Swinging Tübingen !

### Die französischen Filmtage

Die größte frankophone Filmschau in Deutschland findet alljährlich in der ersten Novemberwoche in Tübingen statt. Für viele frankreichverliebte Tübinger ist das Festival eine fünfte Jahreszeit.

––◦––

The largest Francophone film show in Germany takes place annually in the first week of November. For the Francophiles like a fifth season!

––◦––

La plus grande émission cinématographique francophone en Allemagne a lieu chaque année durant la première semaine de novembre à Tübingen. Pour de nombreux amateurs de la France, le festival à Tübingen est comme une cinquième saison.

### Der Umbrisch-Provenzalische Markt

Jedes Jahr im September kommen Tübingens Partnerstädte Perugia und Aix-en-Provence zu Besuch und verwandeln die Altstadt in ein mediterranes Paradies. Dann duftet es in allen Gassen nach Lavendel und Marseiller Seife, Trüffelspagetti und Spanferkel.

––◦––

Every year in September Tübingen's partner town of Perugia and Aix-en-Provence come to visit, turning the old town into a Mediterranean paradise. The fragrance of lavender and Marseilles soap, truffle spaghetti and suckling pig is ubiquitous.

––◦––

Chaque année au mois de septembre, Pérouse et Aix-en-Provence, les villes partenaires de Tübingen, visitent et transforment la vieille ville en un paradis méditerranéen. C'est alors que l'odeur de la lavande et du savon de Marseille, des spaghettis à la truffe et du cochon de lait se propage dans toutes les rues.

# Rund um den Holzmarkt und bei der Stiftskirche
# Around the Holzmarkt (wood market) and at the Stiftskirche
# Autour du Holzmarkt (marché du bois) et de la Stiftskirche (collégiale)

### Der Bebenhäuser Pfleghof

Der Wirtschaftshof des Klosters Bebenhausen wurde 1492 gebaut. Hier lieferten die Pächter klostereigener Liegenschaften ihre Abgaben ab, hier war der Verwaltungssitz des Klosters in der Stadt. In der großzügigen Anlage mit der schönen Schaufassade sind heute eine Polizeiwache, ein Studentenwohnheim und das Institut für Musikwissenschaft der Universität untergebracht.

The warehouse of the Bebenhausen monastery was built in 1492. It was where the tenant farmers of the monastery delivered their taxes. It was also the seat of monastery administration in the town. The spacious construction, with its decorative façade, now houses a police station, student residence and the university Institute of Music.

La ferme du monastère de Bebenhausen fut construite en 1492. Ici, les locataires des propriétés du monastère payaient leurs impôts, ici se trouvait le siège administratif du monastère de la ville. Aujourd'hui, un commissariat de police, un dortoir pour étudiants et l'Institut de Musicologie de l'Université sont installés dans cet établissement spacieux à la façade magnifique.

## Der Wurstpalast

Eine reiche Metzgerfamilie leistete sich 1900 dieses skurrile Haus aus Back- und Natursteinen. Die Tübinger Bevölkerung fand das architektonische Wunderwerk gar nicht schön und verabschiedete 1907 die erste Stadtbildsatzung, die Ähnliches in der Altstadt künftig verhindern sollte. Heute ist dieser geballte Gründerzeitencharme fast schon wieder schick.

—◇—

A wealthy butcher's family built this odd house of brick and stone in 1900. The locals were not enamoured of the architectural wonder and in 1907 passed the first town statutes to prevent anything of the sort from being built in the future. Today this concentration of Gründerzeitencharme (early Imperial charm) has once again become almost stylish.

—◇—

Une riche famille de bouchers s'offrit cette étrange maison faite de pierres cuites et naturelles en 1990. La population de Tübingen n'apprécia guère la merveille architecturale et adopta la première ordonnance sur les images de la ville, qui devait empêcher que de tels constructions ne se reproduisent dans la vieille ville. Aujourd'hui, ce charme datant des années de fondation redevient presque chic.

## Der Heckenhauer

Seit 1880 ist die Buchhandlung auf dem Holzmarkt im Besitz der Familie Sonnewald und wird heute als Antiquariat geführt. Hier gingen der spätere Literaturnobelpreisträger Hermann Hesse und der Gründer der Stuttgarter Zeitung und Mundartdichter Josef Eberle alias Sebastian Blau in die Lehre. In den Räumen der Buchhandlung Heckenhauer erinnert heute eine kleine Ausstellung an die Lehrjahre Hermann Hesses. In den Regalen stehen teilweise Bücher, die der Autor von „Steppenwolf" und „Siddharta" eigenhändig inventarisiert hat.

―◇―

The bookshop on Holzmarkt has been owned by Sonnewald family since 1880 and is now a secondhand/antiquarian bookshop. Former apprentices include Hermann Hesse and the founder of the Stuttgarter Zeitung and dialect poet Josef Eberle alias Sebastian Blau. The Heckenhauer bookshop has a small exhibition about the apprentice years of Hermann Hesse. The shelves have some of the books which the author of *Steppenwolf* and *Siddharta* added to the inventory with his own hand.

―◇―

Depuis 1880, la librairie du marché du bois de la famille Sonnewald est gérée en tant que librairie d'occasion. C'est ici que Hermann Hesse, porteur du prix Nobel de littérature, et Josef Eberle, dit Sebastian Blau, fondateur du journal Stuttgarter Zeitung et poète en dialecte, firent leur apprentissage. Les salles de la librairie Heckenhauer commémorent l'apprentissage Hermann Hesse à travers une petite exposition. Sur les étagères se trouvent des livres que l'auteur de « Steppenwolf » et « Siddharta » inventoria à la main.

## Sankt Georg und Sankt Martin

Die Stiftskirche ist die größte Kirche der Stadt. Sie wurde von 1470 bis 1483 anstelle einer romanischen Vorgängerkirche erbaut und 1477 zum zentralen Ort der jungen Universität.

The Stiftskirche is the largest church in the town. It was built between 1470 and 1483 on the site of a Romanesque church and in 1477 became the centre of the new university.

La collégiale est la plus grande de la ville. Elle fut construite de 1470 à 1483 à la place d'une église romane, et en 1477, elle devint l'emplacement central de la jeune université.

## Die Chorfenster der Stiftskirche

Tübingens wertvollstes Kunstwerk ist über 500 Jahre alt. Im Mittelfenster sieht man den Gründer der Universität, Graf Eberhard im Barte, und seine Gemahlin Barbara von Mantua. Die italienische Markgrafentochter hält ein Buch in den Händen. Vielleicht wollte sie auf die Bedeutung der jungen Universität hinweisen, die den Chor der Stiftskirche als Hörsaal und Festsaal nutzte.

Tübingen's most valuable work of art is over 500 years old. The central window has a portrait of the founder of the university, Graf (Count) Eberhard im Barte, and his wife Barbara of Mantua. The daughter of the Italian margrave has a book in her hands, perhaps a reference to the importance of the new institution, which used the choir as a lecture and festival hall.

L'œuvre d'art la plus précieuse de Tübingen a plus de 500 ans. Dans la fenêtre du milieu, on reconnaît le fondateur de l'université, le comte Eberhard im Barte, et son épouse Barbara von Mantua. La fille du margrave italien tient un livre entre ses mains. Elle voulait peut-être souligner l'importance de la jeune université, qui se servait du chœur de la collégiale en tant que salle de conférence et de bal.

## Blick über die Altstadt

Vom Schloss aus hat man einen schönen Blick auf die Stiftskirche und die Dächer der Oberstadt – Tübingens Quartier Latin.

―◇―

The castle provides an attractive view of the Stiftskirche and the roofs of the upper town – Tübingen's 'Latin quarter'.

―◇―

Depuis le château s'offre une vue magnifique sur la collégiale et les toits de la haute-ville – le quartier latin de Tübingen.

## Der größte Konzertsaal der Stadt

In der Stiftskirche spielt Musik eine Hauptrolle. Große Oratorienkonzerte, Orgelrecitals, Kantatengottesdienste und Motetten sind feste Bestandteile des umfangreichen musikalischen Angebots.

―◇―

Music is important in the Stiftskirche. Oratories, organ recitals, cantatas and motets are a regular component of the comprehensive musical offering.

―◇―

La musique joue un rôle majeur dans la collégiale. De grands concerts d'oratorio, des récitals d'orgue, des services de cantates et des motets font partie intégrante de l'offre musicale étendue et diversifiée.

## Das Cottahaus

Der Verlag von Johann Friedrich Cotta war um 1800 das größte „Medienzentrum" in Deutschland. Cotta verlegte nicht nur alle wichtigen Autoren seiner Zeit, sondern erfand auch das Taschenbuch, gab die erste überregionale deutsche Tageszeitung heraus und erkämpfte das Urheberrecht. Heinrich Heine sagte über den innovativen Verleger: „Das war ein Mann, der hatte die Hand über die ganze Welt."

―◇―

The publishing house of Johann Friedrich Cotta around 1800 was the largest 'media centre' in Germany. Cotta published not only all important authors of his time but also invented the Taschenbuch (paperback), published the first supra-regional newspaper in Germany and fought for Urheberrecht (copyright law). Heinrich Heine wrote about the innovative publisher: "Das war ein Mann, der hatte die Hand über die ganze Welt." (He was a man with his hand over the whole world)

―◇―

La maison d'édition de Johann Friedrich Cotta était, vers 1800, le plus grand « centre des médias » d'Allemagne. Cotta publia seulement tous les auteurs importants de son époque, mais il inventa également le livre de poche, publia le premier quotidien allemand, et remporta les droits d'auteur. Heinrich Heine déclara à propos de l'éditeur innovant : « C'était un homme qui avait la main sur le monde entier. »

## Die Alte Aula

Von 1547 bis 1835 waren in diesem Zentralgebäude der Universität von der Verwaltung bis zur Bibliothek alle wichtigen Einrichtungen untergebracht. Heute ist in dem mächtigen, sechsstöckigen Fachwerkhaus das Institut für Erziehungswissenschaft, die Aula ist ein stimmungsvoller Tagungssaal.

―◆―

From 1547 to 1835 the main university building housed all important institutions, from the administration to the library. Today, the large 6-storey timber frame building contains the Institut für Erziehungswissenschaft (educational sciences). The Aula (auditorium) is an atmospheric assembly hall.

―◆―

De 1547 à 1835, toutes les installations importantes se trouvaient dans ce bâtiment central de l'université, de l'administration jusqu'à la bibliothèque. Aujourd'hui se trouve l'Institut de l'Éducation dans l'imposante maison à colombages de six étages, l'auditorium sert de salle de conférence atmosphérique.

## In der Alten Aula

Das Treppenhaus der Alten Aula wurde 1777 zum dreihundertjährigen Jubiläum der Universität erbaut und ist eines der ganz wenigen barocken Kunstwerke Tübingens.

―◆―

The staircase of the Alte Aula was built in 1777 on the 300th anniversary of the university and is one of the few Baroque structures in Tübingen.

―◆―

La cage d'escalier de l'ancien auditorium fut construite en 1777 pour le 300ème anniversaire de l'université. Il s'agit de l'une des rares œuvres d'art baroque de Tübingen.

# Romantisches Quartier Latin
## Romantic Latin quarter
## Quartier latin romantique

### Neckargasse 2

Das Haus mit dem goldenen Dach ist nur ein Anbau, den ein Tübinger Zigarrenhändler im 19. Jahrhundert errichten und von seinem Schwiegersohn bemalen ließ. In dem Hauptgebäude lebte im 17. Jahrhundert der französische Tanzmeister Charles Dumanoir, ein Bruder des Konzertmeisters von Ludwig XIV. Er unterrichtete vor allem am Collegium illustre.

---

The house with the golden roof is only an extension built by a 19th cent. cigar merchant and painted at his request by his son-in-law. The main building was the home of the 17th cent. dancing master Charles Dumanoir, a brother of the concert master of Louis XIV, who taught at the Collegium illustre (a ducal school).

---

La maison au toit d'or n'est qu'une extension construite par un marchand de cigares de Tübingen au XIXème siècle et peinte par son gendre. Le maître de danse français Charles Dumanoir, un frère du premier violoniste de Louis XIV vécut dans le bâtiment principal au XVIIème siècle. Il enseigna également au Collegium illustre.

### Das Haus der Giftvögtin

In dem schmalen Haus in der Bursagasse lebte im 17. Jahrhundert Regina Susanna Weber, die man verdächtigte, ihren Mann, den Tübinger Vogt, mit vergifteter Kirschensuppe ermordet zu haben. Sie bestand auf ihrer Unschuld, konnte vor der Folter bewahrt werden, mit der ihr ein „Geständnis" entlockt werden sollte, und wurde freigesprochen.

The narrow house in Bursagasse was the home of Regina Susanna Weber in the 17th cent. She was accused of having murdered her husband, the Tübingen Vogt (bailiff) with a poisoned cherry soup. She maintained her innocence and avoided torture by 'confessing' and was released.

Regina Susanna Weber, soupçonnée d'avoir assassiné son mari, le huissier de Tübingen, avec une soupe de cerises empoisonnée, vécut dans la maison étroite de la rue Bursagasse au XVIIème siècle. Elle insista sur son innocence, put être sauvée de la torture par laquelle elle aurait du faire ses « aveux » et fut innocentée.

### Das Zimmertheater

Die kleine Bühne in der Bursagasse ist eines der besten Privattheater Deutschlands. Es wurde 1958 mit John Osbornes Drama „Blick zurück im Zorn" eröffnet und steht seitdem für eine moderne und experimentelle Theaterkultur. Im Zimmertheater wird auf einer kleinen Bühne vor allem zeitgenössisches Theater gespielt. Das Publikum erlebt die eindrücklichen Inszenierungen buchstäblich hautnah mit.

The small stage in the Bursagasse is one of he best private theatres in Germany. It opened in 1958 with John Osborne's "Look Back in Anger" and since then has stood for modern experimental theatre. The small theatre with the small stage puts on contemporary theatre. The audience experiences the impressive productions closeup.

La petite scène de la rue Bursagasse est l'un des meilleurs théâtres privés d'Allemagne. Il a ouvert ses portes en 1958 avec le drame de John Osborne « Blick zurück im Zorn » et représente depuis lors une culture théâtrale moderne et expérimentale. Dans la salle de théâtre se joue principalement des pièces contemporaines sur une petite scène. Le public vit littéralement de près les productions impressionnantes.

## Das älteste Universitätsgebäude

Die Burse konnte bereits 1482, fünf Jahre nach der Universitätsgründung, ihre Pforten öffnen und ist seitdem ununterbrochen ein Ort für Lehre und Forschung. Zunächst lebten in diesem Gebäude Studienanfänger in einer Lern- und Lebensgemeinschaft, 1804 richtete man die erste Universitätsklinik ein und heute wird in der Burse Philosophie und Kunstgeschichte studiert.

---

The Burse (student house with free board and lodging) was able to open its doors in 1482, five years after the foundation of the university and has been open continuously since then for teaching and research. Initially it was first year students who lived here, studying and living together. In 1804 the first university hospital was built and now art history and philosophy are taught there.

---

La Burse ouvrit ses portes dès 1482, cinq ans après la fondation de l'université, et représente depuis lors un lieu d'enseignement et de recherche. Initialement, les étudiants de ce bâtiment vivaient ensemble en communauté d'apprentissage. En 1804, la première clinique universitaire fut établie et aujourd'hui, la philosophie et l'Histoire de l'art sont étudiées à Burse.

## Das Evangelische Stift

Seit 1536 werden in diesem ehemaligen Kloster evangelische Pfarrer (und seit 1969 auch Pfarrerinnen) für Württemberg ausgebildet. Die Studierenden erhalten ein in Deutschland einmaliges Stipendium, das u. a. kostenfreies Wohnen im Stift beinhaltet. Berühmte Studenten waren u. a. Johannes Kepler, Friedrich Hölderlin oder Eduard Mörike.

---

Protestant male pastors have been trained in this former monastery since 1536 and female pastors since 1969 for Württemberg. Students receive a one-time grant for this, which includes among other things the cost of accommodation in the Stift. Well-known students include Johannes Kepler, Friedrich Hölderlin and Eduard Mörike.

---

Depuis 1536, les pasteurs (et depuis 1969 également les pasteures) protestants sont formés à Württemberg dans cet ancien monastère. Les étudiants reçoivent une bourse unique en Allemagne, qui comprend entre autres le logement gratuit dans le monastère. Parmi certains étudiants célèbres se trouvent Johannes Kepler, Friedrich Hölderlin ou Eduard Mörike.

## Der Hölderlinturm

Der Turm am Neckar ist nach dem Goethehaus in Weimar der wichtigste Literaturort in Deutschland und ein Symbol für das poetische, romantische und melancholische Tübingen. In einem 1875 abgebrannten Vorgängerbau lebte der Dichter Friedrich Hölderlin von 1806 bis zu seinem Tod 1843 als psychiatrischer Pflegefall bei einer Schreinerfamilie.

---

The Tower on the Neckar is, after Goethe's house in Weimar, the most important literary location in Germany and a symbol of poetic, romantic and melancholic Tübingen. Its predecessor, burned down in 1875, was the home of poet Friedrich Hölderlin from 1806 to his death in 1843, when he was in psychiatric care with a joiner's family.

---

Après la maison de Goethe à Weimar, la tour du Neckar est le site littéraire le plus important d'Allemagne et un symbole du Tübingen poétique, romantique et mélancolique. Le poète Friedrich Hölderlin vécut dans un bâtiment existant avant la tour, détruit par un incendie en 1875, de 1806 jusqu'à sa mort en 1843. Il était patient psychiatrique auprès d'une famille de charpentiers.

# Leben am Fluss
# Life on the River
# La vie sur la rivière

### Segelboote auf dem Neckar

1911 wurde im Rahmen einer großen Neckarkorrektion der Fluss hinter der Neckarbrücke zu einem See aufgeweitet und bekam ein Stauwehr. Seitdem finden sogar kleine Segler die Möglichkeit zu ersten Versuchen mit Wellen und Wind.

In 1911, as a result of a major redesign, the river behind the bridge was widened into a lake and was provided with a weir. It is now a place where beginners can get their first experience of wind and waves.

En 1911, dans le cadre d'une grande correction Neckar, la rivière située derrière le pont Neckar fut élargie afin de devenir un lac, également muni d'un déversoir. Depuis lors, même les petits voiliers trouvent l'opportunité de tenter leurs premières vagues sous le vent.

### Angeln vor der Neckarmauer

Die Qualität des Neckarwassers ist so gut, dass sogar Forellen darin leben.

The quality of Neckar water is so good that trout live in it.

La qualité de l'eau du Neckar est si bonne qu'on y trouve même des truites.

### Am Zwingel

Auf der Neckarmauer lässt man mit den ersten Sonnenstrahlen Beine und Seele baumeln. Alte Tübinger nennen den idyllischen Ort das „Verlobungsmäuerle". Nomen est omen.

The Neckarmauer (wall) is a place where one can stretch legs and spirit when the sun shines. Older residents call the idyllic place the "Verlobungsmäuerle" (little engagement wall). Nomen est omen (the name says it all).

Sur le mur Neckarmauer, l'âme et les jambes peuvent se laisser aller sous les premiers rayons de soleil. Les anciens de Tübingen appellent cet endroit idyllique le « muret des fiançailles ». Son nom est présage.

### Ein Bad im Neckar

Schwimmen im Neckar ist möglich und macht Spaß. Ein richtiges Badegewässer ist der Fluss jedoch nicht.

―◇―

Swimming in the river is allowed and fun. But it is not strictly a bathing area.

―◇―

Nager dans le Neckar est possible et amusant. Cependant, ce n'est pas une eau de baignade.

### Neckarcamping

Auf dem Campingplatz braucht man nicht einmal ein eigenes Zelt. Der Bürger- und Verkehrsverein vermietet zwei kleine Häuschen mit Hobbit-Charme.

―◇―

You do not even have to bring a tent to the campsite. The local Bürger- und Verkehrsverein (residents' association and tourist office) lets two small houses with Hobbit-like charm.

―◇―

Au camping, pas besoin d'avoir sa propre tente. L'association des citoyens et du trafic loue deux petites maisons au charme des petites cabanes de hobbit.

# Die Neckarinsel
## Neckar Island
## L'île Neckar

### Platanenallee im Frühling

1828 als akademische Flaniermeile angelegt, gehört die längste Platanenallee Deutschlands zum Romantischsten, was Tübingen zu bieten hat.

Laid out in 1828 as a recreational space for scholars, it has the longest avenue of plane trees in Germany, one of the most romantic of Tübingen's features.

Construite en 1828 en tant que promenade académique, la plus longue allée de platanes en Allemagne fait partie des promenades les plus romantiques de Tübingen.

## Platanenallee im Herbst

Die 84 mächtigen Bäume zwischen Eberhardsbrücke und Seufzerwäldchen bieten ein stimmungsvolles Ambiente für einen Spaziergang durch raschelndes Laub.

The 84 mighty trees between Eberhardsbrücke and Seufzerwäldchen (sighing forest) offer an atmospheric ambience for a walk through rustling leaves.

Les 84 arbres imposants situés entre le pont Eberhard et les bosquets d'écureuils créent une atmosphère agréable propice à la flânerie entre les feuillages.

## Das Stocherkahnrennen

1956 wurde das Rennen von der Studentenverbindung Tübinger Lichtenstein ins Leben gerufen, die ihren neuen Kahn stilvoll einweihen wollte. Heute ist es ein Höhepunkt der Sommersaison und lockt zahllose Neugierige an den Neckar.

In 1956 the race was initiated by the student fraternity Tübinger Lichtenstein, who wanted a stylish inauguration of their new vessel. Today it is a high point of the summer season and attracts countless visitors to the Neckar.

En 1956, la course de la fraternité de Tübingen Lichtenstein fut lancée, qui souhaitait inaugurer son nouveau bateau avec classe. Aujourd'hui, c'est un moment fort de la saison estivale, la course attire de nombreux curieux au Neckar.

## Das Nadelöhr

Unter der Neckarbrücke müssen die Kähne eine Acht fahren, was zu wilden und witzigen Wasserschlachten führt. Der Verliererkahn bekommt übrigens als Stärkungsmittel für jeden in der Mannschaft einen halben Liter Lebertran.

---

Under the bridge the boats have to do a figure eight, and this leads to wild and comic water battles. The loser incidentally receives half a litre of cod liver oil to fortify each team member.

---

Sous le pont Neckar, les péniches doivent conduire un forme de huit, ce qui crée des batailles aquatiques sauvages et amusantes. L'équipage du perdant reçoit un demi-litre d'huile de foie de morue en tant que tonique.

## Stadtfriedhof

Im Jahr 1829 wurde ein neuer Stadtfriedhof, damals noch am Stadtrand, angelegt. Mittlerweile ist die Anlage mit ihren schönen denkmalgeschützten Gräbern ein verträumter Garten der Erinnerung, auf dem viele berühmte Tübingerinnen und Tübinger ihre letzte Ruhestätte gefunden haben.

---

In 1829 a new cemetery, then at the edge of the town, was laid out. It has since become, with its fine monument protected graves, a dreamy memorial garden where many prominent residents of the town have found their final resting place.

---

En 1829, un nouveau cimetière municipal, encore situé à la périphérie à l'époque, fut créé. Entre temps, le domaine avec ses belles tombes classées au patrimoine est devenu un jardin de mémoire, dans lequel de nombreuses femmes et homems célèbres de Tübingen ont trouvé leur dernier lieu de repos.

## Ottilie Wildermuth

Das einzige Denkmal in Tübingen, das einer Frau gewidmet ist, steht versteckt am Ende der Neckarinsel. Die erfolgreiche Schriftstellerin Ottilie Wildermuth erzog mit ihren zahlreichen Romanen und Erzählungen im 19. Jahrhundert junge Mädchen zu braven und ehrbaren Hausfrauen und Müttern.

---

The only monument in Tübingen dedicated to a woman is tucked away at the end of Neckarinsel. The successful writer Ottilie Wildermuth, with her many novels and stories, brought up young girls to be respectable housewives and mothers.

---

Le seul monument dédié à une femme à Tübingen se trouve caché au bout de l'île Neckar. La célèbre écrivaine Ottilie Wildermuth éduqua les jeunes filles afin qu'elles deviennent des femmes au foyer et mères respectables grâce à ses nombreux romans et récits écrits au XIXème siècle.

An der Neckarbrücke
On the Neckar Bridge
Sur le pont du Neckar

### Die Neckarbrücke

Seit 1482 verbindet eine Brücke aus Stein die beiden Neckarufer. Sie trägt offiziell den Namen „Eberhardsbrücke" und ist eine der Hauptverkehrsachsen der Innenstadt.

The two banks of the river have been connected by a stone bridge since 1482. The official name is the "Eberhardsbrücke" and is one of principal thoroughfares of the inner city.

Depuis 1482, un pont de pierre relie les deux rives du Neckar. Il porte officiellement le nom « Eberhardsbrücke » et constitue l'une des principales artères de circulation du centre-ville.

## Tübingens Schokoladenseite

Der Blick von der Neckarbrücke auf die Neckarfront inspiriert Maler und Fotografen.

Painters and photographers have drawn inspiration from the view from the Neckarbrücke onto the Neckarfront (houses along the river).

La vue depuis le pont Neckar sur le devant du Neckar inspire les peintres et les photographes.

## Wasser auf die Mühlen

Unterhalb der Neckarbrücke mündet der Ammerkanal in den Neckar. Vom 15. bis zum 19. Jahrhundert trieb er auf seinem Weg vom Lustnauer Tor drei große Mühlen an.

Under the bridge the Ammerkanal flows into the Neckar. From the 15$^{th}$ to 19$^{th}$ cent., on its way from Lustnau, it used to drive three large mills.

En dessous du pont Neckar, le canal Ammer se jette dans le Neckar. Du XV$^{ème}$ au XIX$^{ème}$ siècle, ill fit fonctionner trois grands moulins sur son chemin depuis la porte Lustnauer Tor.

## Der Bürger- und Verkehrsverein

Bereits seit 1892 engagiert sich der BVV für die Belange der Gäste der Universitätsstadt. Die Tourist-Information an der Neckarbrücke ist eine wichtige Anlaufstelle.

As early as 1892 the BVV was responsible for catering to the needs of tourists. The tourist information on the bridge is an important place to go.

Depuis 1892, BVV s'engage pour les intérêts des invités de la ville universitaire. Le point d'information touristique sur le pont du Neckar est un lieu de rencontre important.

## Das Schwabenhaus

1900 von der Studentenverbindung „Corps Suevia" errichtet, ist in dem neoklassizistischen Gebäude heute die Evangelische Hochschule für Kirchenmusik untergebracht.

—◆◇▶—

The neo-Classical structure built by the student fraternity Corps Suevia in 1900 is now the Evangelische Hochschule für Kirchenmusik (Institute for Church Music).

—◆◇▶—

Construit en 1900 par la fraternité « Corps Suevia », cet édifice néoclassique abrite aujourd'hui le collège protestant pour musique sacrée.

## In der Olgastraße

Die prachtvollen Villen in der Olgastraße aus Backsteinen der Tübinger Ziegelei Clemens & Decker waren Ende des 19. Jahrhunderts ein bevorzugter Wohnort für „Professoren und wohlhabende Witwen".

—◆◇▶—

The splendid villas in Olgastraße made from bricks manufactured by the local firm of Clemens & Decker were the preferred houses of "professors and wealthy widows" at the end of the 19th cent.

—◆◇▶—

À la fin du XIXème siècle, les splendides villas de la rue Olga, construites en briques de la briqueterie de Tübingen, Clemens & Decker, étaient la résidence préférée des « professeurs et des veuves riches ».

## Rhenanenhaus

Das Haus der Studentenverbindung Corps Rhenania Tübingen ist das älteste Verbindungshaus Deutschlands. Es wurde 1882 erbaut und thront wie ein Schloss über der Stadt – oder wie die Schule von Harry Potter.

The house of the student fraternity Corps Rhenania is the oldest in Germany. Built in 1882, it dominates the town like a castle – or the school in Harry Potter.

La maison de la fraternité Corps Rhenania Tübingen est la plus ancienne maison de fraternité en Allemagne. Elle fut construite en 1882 et ressemble à un château au-dessus de la ville – ou à l'école de Harry Potter.

## Die Jugendherberge

Die Tübinger Jugendherberge ist nicht nur innenstadtnah und direkt am Neckar gelegen, sondern auch frisch renoviert.

―◆―

The youth hostel is not only near the town centre and directly overlooking the river but has also been recently renovated.

―◆―

L'auberge de jeunesse de Tübingen n'est pas seulement située à proximité du centre-ville et donne directement sur la rivière Neckar, mais elle a également été rénovée récemment.

## Die Mühlstraße

Früher trieb der Ammerkanal drei große Mühlen an. Dann wurde die Mühlstraße zur elegantesten Straße der Stadt ausgebaut. Die hohe Verkehrsdichte machte aus ihr eine hässliche Straßenschlucht voller Autoabgase. Nach einer gründlichen Sanierung vermittelt sie vor allem nachts römisches Flair. Aber immer noch fahren zu viele Autos hindurch.

―◆―

The Ammerkanal once drove three large mills. Then the Mühlstraße became the most elegant street in town. Too much traffic has turned it into an ugly urban canyon full of exhaust fumes. After thorough renovation it now has a 'Roman' feel about, especially at night. But there are still too many cars using it.

―◆―

Dans le passé, le canal Ammer faisait fonctionner trois grandes usines. La rue Mühlstraße fut ensuite transformée en rue la plus élégante de la ville. Trop de circulation en faisait un canyon de rue laid, fortement pollué par les voitures. Après une rénovation en profondeur, elle transmet le flair romain, surtout la nuit. Mais même aujourd'hui, trop de voitures y passent.

Das akademische Viertel
The academic district
Le quartier académique

### Der Bota

Der Alte Botanische Garten wurde 1805 als Lehr- und Forschungsgarten für die Universität angelegt. Heute ist er Stadtpark und Spielwiese für Studierende und Altstadtbewohner. Der teilweise exotische Baumbestand des ehemaligen Arboretums ist ein Hingucker.

The Alte Botanische Garten was laid out in 1805 as a teaching and research garden for the university. Today it is an urban park and recreational meadow for students and residents of the old town. The partly exotic trees of the former arboretum catch the eye.

L'ancien jardin botanique fut créé en 1805 en tant que jardin d'enseignement et de recherche pour l'université. Aujourd'hui, c'est un parc urbain et un terrain de jeu pour les étudiants et les habitants de la vieille ville. Les arbres en partie exotiques de l'ancien arboretum attirent l'œil.

## Kunst im Garten

Der Tübinger Bildhauer Ugge Bärtle (1907–1990) arbeitete sein halbes Leben in einem Atelier in der Herrenberger Straße. In einem verwunschenen Skulpturengarten sind viele seiner Plastiken zu sehen, die an Figuren aus einer archaischen Mythologie erinnern.

―◦―

The local sculptor Ugge Bärtle (1907–1990) worked half of his life in a studio in Herrenberger Straße. An enchanted garden contains much of his work, which shows strong archaic mythological themes.

―◦―

Le sculpteur de Tübingen, Ugge Bärtle (1907–1990), travailla dans un studio de la rue Herrenberger Strasse la moitié de sa vie. Dans un jardin de sculptures enchanté, beaucoup de ses sculptures rappellent des personnages d'une mythologie archaïque.

## Das Technische Rathaus

Ein Architektur-Highlight ist die Neugestaltung des Technischen Rathauses in der Brunnenstraße. Der Altbau aus den 50er-Jahren wurde geschickt in den eleganten Baukörper mit gelblicher Backsteinfassade integriert.

The new design of the Technisches Rathauses (town hall that deals with technological matters) in Brunnenstraße. The old building from the 50s has been incorporated into the stylish structural shell with yellow brick façade.

La rénovation de l'hôtel de ville technique dans la rue Brunnenstraße est l'un des points forts de l'architecture. L'ancien bâtiment des années 50 fut intelligemment intégré à l'élégant bâtiment à la façade en briques jaunes.

## Die Medizinische Fakultät

Die Medizinische Fakultät der Universität Tübingen hat einen international exzellenten Ruf. Hier treffen sich Wissenschaftler aus aller Welt.

The Medizinische Fakultät (Medical Faculty) of the university has an international reputation for excellence. Academics and researchers from all the world meet here.

La faculté de médecine de l'université de Tübingen jouit d'une excellente réputation internationale. C'est ici que se rencontrent des scientifiques du monde entier.

## Das Zentrum für Molekularbiologie der Pflanzen

Der interdisplinäre Forschungsstandort der Institute für Biologie, Chemie und Pharmazie nimmt eine internationale Spitzenstellung ein. Seit 2013 befindet sich das Institut in diesem ungewöhnlichen Gebäude, bei dem die schräg gestellten Stäbe und die horizontalen Betonbänder DNA-Stränge symbolisieren sollen.

The interdisciplinary research of the Institut für Biologie, Chemie und Pharmazie (Institute of Biology, Chemistry and Pharmacology) is some of the finest in the world. Since 2013 the Institute has been in this unusual building, in which the slanting rods and horizontal concrete bands are meant to symbolize strands of DNA.

Le site de recherche interdisciplinaire des instituts de biologie, de chimie et de pharmacie occupe une position de leader international. Depuis 2013, l'institut se trouve dans ce bâtiment atypique, où les barres inclinées et les bandes de béton horizontales symbolisent les brins d'ADN.

## Universitätsbibliothek

Der Altbau der Universitätsbibliothek wurde 1912 von Paul Bonatz, dem Architekten des Stuttgarter Bahnhofs, entworfen. Mittlerweile gibt es drei Erweiterungsbauten und mehrere Bereichsbibliotheken, in denen insgesamt 3,7 Millionen Medien verwaltet werden.

The old building of the university library was designed in 1912 by Paul Bonatz, the architect of the Stuttgart railway station. Since then there have been three extension buildings and several more departmental libraries, which house a total of 3.7 million media items.

L'ancien bâtiment de la bibliothèque universitaire fut conçu en 1912 par Paul Bonatz, l'architecte de la gare de Stuttgart. Il existe à présent trois bâtiments d'extension et plusieurs bibliothèques départementales, dans lesquels 3,7 millions de médias sont gérés au total.

## Die Neue Aula

Das klassizistische Gebäude in der Wilhelmstraße ist das Zentrum der Universität. Hier ist die Juristische Fakultät untergebracht, hier tagt der Senat und hier befinden sich der Festsaal und das Audimax.

The neo-Classical building in Wilhelmstraße is the heart of the university. It houses the Law Faculty, is the meeting place of the Senate and contains the festival room and the Audimax (large lecture hall).

Le bâtiment néoclassique de la rue Wilhelmstraße est le centre de l'université. C'est ici que se trouve la faculté de droit, ici siège le Sénat et ici se trouvent la salle de bal et l'Audimax.

## Die Universitätsbibliothek

Die Universitätsbibliothek existiert seit dem 15. Jahrhundert und musste nie nennenswerte Verluste erleiden. Deshalb besitzt sie einen riesigen Bestand an alten und seltenen Büchern, zum Beispiel über 2000 Werke, die vor 1500 gedruckt worden sind. Sie ist das Gedächtnis der Universität.

The library has existed since 15th cent. and has not sustained any damage worth talking about. It has a substantial collection of old and rare books, including 2,000 works printed before 1500 (known in English as 'incunabula'). It is the memory of the university.

La bibliothèque universitaire existe depuis le XVème siècle et n'a jamais du subir de pertes significatives. C'est pourquoi elle dispose d'un stock important de livres anciens et rares, par exemple plus de 2000 œuvres imprimées avant 1500. Elle représente la mémoire de l'université.

## Studieren in Tübingen

Ungefähr 28.000 Studierende sind an der Tübinger Universität eingeschrieben. Das entspricht einem knappen Drittel der Gesamtbevölkerung Tübingens. Über die Hälfte sind Frauen.

There are around 28,000 matriculated students, approximately a third of the total populationn, and of these more than half are women.

Environ 28 000 étudiants sont inscrits à l'université de Tübingen. Cela correspond à un tiers de la population totale de Tübingen. Plus de la moitié sont des femmes.

## Waldhäuser Ost

Der höchstgelegene Stadtteil Tübingens wurde in den 60er-Jahren neben dem Weiler Waldhausen angelegt. Zu den Hochhäusern, den größten Tübingens, gehört das Studentendorf.

The highest part of the town was built in 60s next to Weiler Waldhausen. Among the high-rise blocks, the highest in the town is the Studentendorf (students' village).

Le district le plus élevé de Tübingen fut créé dans les années 60 à côté du hameau Waldhausen. Parmi les gratte-ciel, se trouve le village universitaire.

## Sammlerparadies Boxenstop

Das Auto- und Spielzeugmuseum befindet sich in der Nähe der Universitätsbibliothek. Seit vielen Jahren trägt Rainer Klink unglaubliche Schätze zusammen: historische Autos und Motorräder, Eisenbahnanlagen, Spielzeug und vieles mehr. In den Weihnachtsferien lohnt sich ein Besuch besonders. Jede Menge historischer Eisenbahnanlagen und Dampfmaschinen bringen Groß und Klein zum Staunen.

---

The Auto- und Spielzeugmuseum (car and toy museum) is near the university library. For many years Rainer Klink has been collecting invaluable treasures: historic cars and motorbikes. model railways, toys and a lot more besides. It is worth a visit particularly in the Christmas holidays. There are any number of historic model railways and steam trains for young and old to admire.

---

Le musée d'automobiles et des jouets est situé près de la bibliothèque de l'université. Rainer Klink y collectionne des trésors incroyables depuis de nombreuses années : voitures et motos historiques, équipement de chemin de fer, jouets, et bien plus encore. Pendant les vacances de Noël, une visite vaut particulièrement la peine. De nombreuses installations ferroviaires historiques et des locomotives à vapeur émerveillent petits et grands.

Spitzenforschung und moderne Kunst

Top research and modern art

Recherche de pointe et art moderne

### Kinderklinik

Seit 1927 werden Kinder in Tübingen nicht einfach als kleine Erwachsene angesehen, sondern in einer eigenen Fachklinik behandelt, die 1998 in dieses Gebäude auf den Schnarrenberg umgezogen ist.

Since 1927 children in Tübingen have not been regarded simply as small adults, but have been treated in their own specialist clinic. which moved in 1998 into this building on Schnarrenberg.

Depuis 1927, les enfants de Tübingen ne sont pas simplement considérés comme de petits adultes, mais ils sont traités dans leur propre clinique spécialisée, installée dans ce bâtiment du mont Schnarrenberg depuis 1998.

## Spitzenforschung

Im Hertie-Institut für klinische Hirnforschung, das gemeinsam mit der Neurologischen Klinik des Universitätsklinikums Tübingen ein Zentrum für Neurologie bildet, dreht sich alles um die kleinen grauen Zellen – in Forschung, Lehre und Krankenversorgung.

In the Hertie-Institut für klinische Hirnforschung (Clinic for Brain Research), which together with Neurologische Klinik of the university hospital forms a neurology centre, it is all about the little grey cells – in research, teaching and care.

L'Institut Hertie de recherche clinique sur le cerveau, qui forme un centre de neurologie avec la clinique neurologique de l'hôpital universitaire de Tübingen, se concentre même sur les plus petites cellules grises – en termes de recherche, d'enseignement et de soins aux patients.

## Botanischer Garten

Der Seerosenteich ist nur ein kleiner Teil einer riesigen Parklandschaft, in der unterschiedlichste Lebensräume aus der ganzen Welt gestaltet werden. Im Tropicarium des Botanischen Gartens wachsen Bananenstauden, Vanille und vieles mehr. Vor allem im Winter ist das große Gewächshaus der perfekte Ort für einen Ausflug in exotische Gefilde.

The lily pond is only a small part of a large park landscape in which the most diverse biotopes from all over the world are formed. In the Tropicarium of the Botanical Garden there are banana bushes, vanilla and a lot more besides. The hothouse is the perfect day out into exotic regions, especially in winter.

Le bassin de nénuphars n'est qu'une petite partie d'un vaste parc, dans lequel sont conçus les habitats les plus divers du monde. Dans le tropicarium du jardin botanique sont cultivés des bananiers, de la vanille et bien plus encore. En hiver en particulier, la grande serre est l'endroit idéal pour un voyage dans des climats exotiques.

## Die Kunsthalle

In einem Wohngebiet aus den 60er-Jahren im Nordwesten Tübingens lädt dieser großzügige Erlebnisraum zur Auseinandersetzung mit den Werken moderner und zeitgenössischer Künstlerinnen und Künstler aus aller Welt ein.

A residential area of the 60s in the northwest of the town is the home of this generous space where one is confronted by works of modern and contemporary artists from all over the world.

Dans un quartier résidentiel des années 60 au nord-ouest de Tübingen, ce grand espace invite à explorer les œuvres d'artistes modernes et contemporains du monde entier.

## Die Nymphengruppe am Anlagensee

Die Wiesennymphe schmückt die Wassernymphe dankbar mit einem Blumenkranz. Die beiden prachtvollen Frauengestalten sind eine Schöpfung des Stuttgarter Bildhauers Friedrich Dannecker aus dem frühen 19. Jahrhundert.

The meadow nymph gratefully bedecks the water nymph with a garland of flowers. These two splendid female figures are a creation of the Stuttgart sculptor Friedrich Dannecker from the early 19th cent.

La nymphe des prés orne la nymphe des eaux d'une couronne de fleurs avec gratitude. Les deux figures féminines magnifiques sont une création du sculpteur de Stuttgart Friedrich Dannecker datant du début du XIXème siècle.

# Jenseits des Neckars
# Beyond the Neckar
# Au-delà du Neckar

### Der Tübinger Hauptbahnhof

Er wurde 1861 in Betrieb genommen und verband die Universitätsstadt zunächst mit Stuttgart und Rottenburg am Neckar. Noch heute halten hier bis auf einen Intercity ausschließlich Züge des Regionalverkehrs.

It was put into operation in 1861 and connected the town with Stuttgart and Rottenburg am Neckar. Today, apart from an Intercity, it is used exclusively by regional trains.

Il fut mis en service en 1861 et reliait initialement la ville universitaire à Stuttgart et Rottenburg am Neckar. Même aujourd'hui, à l'exception d'un interurbain, seuls les trains régionaux s'arrêtent ici.

## Das Epplehaus

Das Jugendzentrum ist eindeutig das bunteste Haus der ganzen Stadt. Hier finden Konzerte und Partys statt, es ist der Treffpunkt für den Jugendgemeinderat und eine Medienwerkstatt. Es wird von einem 1978 gegründeten Verein selbst verwaltet.

The Jugendzentrum (youth centre) is clearly the most colourful house in town. It is a venue for parties and concerts, the meeting point of the youth community council and a media workshop. It is administered by an association founded in 1978.

Le centre de jeunesse est clairement la maison la plus colorée de la ville. Ici se déroulent des concerts et des fêtes, c'est le lieu de rencontre du conseil de la jeunesse ainsi qu'un atelier pour les médias. Il est géré par un club fondé en 1978.

## Die Steinlach

Tübingens liegt an drei Flüssen: dem Neckar, der Ammer und der idyllischen Steinlach, die sich in den Sommermonaten in einen beliebten „Urban Beach" verwandelt.

Tübingen is on three rivers: Neckar, Ammer and the idyllic Steinlach, which in the summer months is transformed into a popular 'urban beach'.

Tübingen est située sur trois rivières : le Neckar, l'Ammer et l'idyllique Steinlach, qui se transforme en une « plage urbaine » très appréciée en été.

## Das Landestheater Tübingen Hohenzollern

Das LTT befindet sich in einer ehemaligen Stuhlfabrik. Bis in die 70er-Jahre wurden hier die „Tübinger Stühle" produziert, die mittlerweile Kultstatus haben. Dann fand das Landestheater in diesem Gebäude eine neue Spielstätte. Im LTT finden neben dem Theaterbetrieb des festen Ensembles auch immer wieder Konzerte und Gastspiele statt wie hier jenes von den zwölf Cellisten der Tübinger Musikschule.

―◄○►―

The LTT is located in a former chair factory. 'Tübingen chairs' were produced here until the 70s., and they now have a 'cult' status. It was discovered by the Landestheater (state theatre) as a location for its activities. Besides providing a venue for the theatre activities of the whole ensemble, the LTT is also used for concerts and guest performances, as here by the twelve cellists of the Tübingen Music School.

―◄○►―

La LTT se trouve dans une ancienne usine de chaises. Jusqu'aux années 1970, les « chaises de Tübingen » furent produites ici, qui ont un statut de culte à présent. Ensuite, le théâtre Landestheater trouva une nouvelle scène dans ce bâtiment. Outre les activités théâtrales de l'ensemble permanent, la LTT organise également des concerts et des spectacles, comme en témoignent les douze violoncellistes de l'école de musique de Tübingen.

## Das Französische Viertel

Auf einem ehemaligen Militärgelände entstand zwischen 1995 und 2007 das ambitionierteste Stadtentwicklungsprojekt der Bundesrepublik. Das Quartier setzte neue Maßstäbe im europäischen Städtebau. Die Mehrfamilienhäuser wurden größtenteils von Bauherrengemeinschaften realisiert und bieten eine lebenswerte Alternative zum Einfamilienhaus im Grünen.

―◄○►―

Between 1995 and 2007 the most ambitious urban development project in Germany was carried out on this area. The resulting district set new standards in European urban construction. The multi-family houses were built mostly by Bauherrengemeinschaften (building owners' association) and offer a livable alternative to the single family house in the country.

―◄○►―

Entre 1995 et 2007, le projet de développement urbain le plus ambitieux de la République Fédérale prit forme sur un ancien site militaire. Le quartier créa de nouvelles normes en matière d'urbanisme européen. Les maisons multi-familiales furent en grande partie réalisées par des groupes de constructeurs et offrent une alternative intéressante à une maison familiale à la campagne.

Ausflüge am Stadtrand

Excursions on the edge of town

Excursions à la périphérie

## Das Sudhaus

Das soziokulturelle Zentrum bietet im Sommer Open-Air-Musik in lauschiger Waldrandlage. Hier spielt Folklang, ein interkulturelles Orchester aus Tübingen.

The socio-cultural centre offers open air music in secluded forest edge country in the summer. This is where Folklang, an intercultural orchestra from Tübingen, plays.

Le centre socioculturel propose de la musique estivale en plein air dans un lieu isolé en bordure de forêt. Ici joue Folklang, un orchestre interculturel de Tübingen.

## Schwärzloch

Das Hofgut ist eines der ältesten Anwesen in der Nähe von Tübingen. Im 19. Jahrhundert wurde es zu einem beliebten Ausflugslokal. Im Chor der ehemaligen romanischen Kapelle lässt es sich stilvoll feiern.

The farm is one of the oldest near Tübingen in the 19th cent. it was a popular out-of-town inn. The choir of the former Romanesque chapel is a stylish setting for a party.

Le domaine Hofgut est l'un des plus anciens domaines près de Tübingen. Au XIXème siècle, il devint un lieu touristique populaire. Dans le choeur de l'ancienne chapelle romane, de belles célébrations peuvent avoir lieu.

## Der Österberg

Am Stadtrand verbreiten der Österberg mit seinen Schafweiden, der Teilort Lustnau und die Streuobstwiesen ländlichen Charme.

On the edge of town Österberg with its grazing meadows, the small district of Lustnau and meadow orchards emanate rural charm.

À la périphérie, l'Österberg avec ses pâturages de moutons, la banlieue de Lustnau et les vergers créent une atmosphère avec charme rural.

## Die Perle im Schönbuch

Das Dorf Bebenhausen mit dem großartigen Zisterzienserkloster zählt zu den schönsten und besterhaltenen Klostersiedlungen in Deutschland. Im Kreuzgarten des Klosters züchtete der württembergische König Karl I. Rosen. Heute ist hier das monastisch-schlichte Zentrum der gesamten Klosteranlage. Im Sommerrefektorium genießt man Kammermusik auf Top-Niveau in einzigartiger Atmosphäre.

The village of Bebenhausen has an impressive Cistercian monastery, one of the most beautiful and best-preserved monastic settlements in Germany. In the cloister garden the Württemberg king Karl I bred roses. Today it is the monastically simple centre of the entire complex. In the summer refectory one can enjoy chamber music of the highest quality in a unique atmosphere.

Le village de Bebenhausen avec son magnifique monastère cistercien est l'un des plus beaux et des mieux préservés d'Allemagne. Dans le jardin du cloître du monastère, le roi Karl I. du Württemberg éleva des roses. Aujourd'hui s'y trouve le centre monastique et simple de l'ensemble du monastère. Dans le réfectoire d'été, vous pouvez écouter de la musique de chambre de haut niveau dans une atmosphère unique.

# Weitere Bücher über Ihre Region

Schwaben – Die Gerichte unserer Kindheit
Rezepte und Geschichten
Brigitte Fries
128 Seiten, Hardcover, zahlr. Farbfotos
ISBN 978-3-8313-2202-2

Dunkle Geschichten aus Reutlingen
SCHÖN & SCHAURIG
Uschi Kurz, Thomas de Marco
80 Seiten, Hardcover, schw./w. Fotos
ISBN 978-3-8313-3227-4

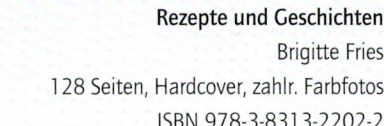

Schwäbische Weihnachtsgeschichten
Manfred Eichhorn
80 Seiten, Hardcover, schw./w. Fotos
ISBN 978-3-8313-3002-7

Links und rechts der Bächle
Geschichten und Anekdoten aus Freiburg
Ute Wehrle
80 Seiten, Hardcover, schw./w. Fotos
ISBN 978-3-8313-2192-6

Wartberg-Verlag GmbH
Im Wiesental 1 | 34281 Gudensberg
www.wartberg-verlag.de

Bücher für Deutschlands Städte und Regionen
Tel. 0 56 03-93 05 0
Fax 0 56 03-93 05 28